Lk 11 109

DES AVANTAGES

D'UN

GRAND DÉVELOPPEMENT

A DONNER

AUX ÉTABLISSEMENS COLONIAUX

DANS LA PARTIE OCCIDENTALE DE L'AFRIQUE,

AINSI QU'A L'EXPLOITATION DES MINES D'OR QUE RECÈLE CETTE VASTE PARTIE DU MONDE, ET PARTICULIÈREMENT LE ROYAUME DE BAMBOUCK.

Dédié au Commerce français,

Par Lainé fils, de Nantes.

Un peuple n'est heureux que par son industrie,
Et tout travail utile enrichit la patrie.
CHÉNIER.

PRIX 2 FRANCS,
AU BÉNÉFICE DES GRECS.

A PARIS,
CHEZ LES PRINCIPAUX LIBRAIRES.

1825.

ÉPITRE DÉDICATOIRE

AU

COMMERCE FRANÇAIS.

C'est à vous, banquiers, armateurs, négocians, manufacturiers, agriculteurs, que je dédie ces réflexions, suggérées par le désir d'être utile; c'est pour vous que je les ai livrées à l'impression : agréez-en l'hommage. Heureux le peuple qui vous honore, qui met sa gloire dans l'industrie et sa puissance dans les travaux fructueux au genre humain! Un tel peuple aura existé pour la civilisation du monde; sa puissance sera durable, sa renommée sera éternelle.

Je compte sur l'indulgence de mes lecteurs : car, dans ce petit ouvrage, je n'ai point cherché à faire preuve d'éloquence. S'il est profitable à mon pays; s'il contribue à l'augmentation de sa richesse, de sa puissance; si les habitans de l'Afrique en deviennent moins malheureux, j'aurai rempli la tâche que je me suis imposée pour le bonheur et la gloire de tous.

En attendant le jour où mes vœux seront réalisés, recevez d'avance pour vos futurs succès les félicitations d'un ami de tous les travaux utiles et de toutes les entreprises vraiment patriotiques.

Les colonies sont, dans l'état actuel de l'Europe, la voie la plus sûre pour entretenir l'activité commerciale; elles sont aussi l'école de la navigation, et tout peuple qui en est privé doit nécessairement voir détruire ses richesses, perdre son attitude entre les nations industrieuses, et ressentir dans son intérieur une gêne qui se manifeste toujours par un état de langueur bientôt suivi de convulsions que des relations extérieures étendues et constantes auraient sans doute prévenues.

Telle serait bientôt la position de la France si elle ne veillait pas non seulement à conserver le peu d'établissemens d'outre-mer qui lui restent, mais à leur donner une vaste extension.

On ne sait que trop combien il nous serait

difficile de nous replacer dans la situation où nous nous trouvions en Amérique avant 1789, et la réflexion nous a convaincus que toute tentative à cet égard serait infructueuse.

Il ne nous reste donc qu'à donner tous nos soins à l'amélioration des colonies africaines. C'est dans cette vue que je publie aujourd'hui ce mémoire : il éveillera, je l'espère, l'attention du Gouvernement sur un sujet si important.

Le Sénégal, ou plutôt toute la partie occidentale de l'Afrique, où nous possédons des établissemens et des comptoirs, est sans contredit la colonie la plus rapprochée de nous *. C'est une des premières conquêtes de notre na-

* Au moyen de huit bâtimens à vapeur établis entre la France et le Sénégal, on aurait des nouvelles de cette colonie tous les dix-huit jours. Il faudrait que ces bâtimens, étant chargés, ne tirassent pas plus de 7 pieds d'eau, afin de pouvoir facilement passer la barre du Sénégal et arriver à l'île Saint-Louis. Une traversée aussi courte serait fort utile pour les intérêts du commerce : car il arrive très-souvent que pour revenir de cette colonie en France on fasse une traversée de quarante à cinquante jours, ce qui est bien long pour un si court trajet, d'autant plus que dans les parages de l'Afrique la mer est ordinairement belle, tandis que les vents, pour le retour en France, sont presque toujours contraires, difficulté que les bâtimens à vapeur surmonteraient mieux que les bâtimens à voiles.

vigation dans les climats lointains; c'est la plus riche en métal. C'est donc vers ce point que doivent se diriger tous nos regards, lorsqu'il s'agit d'établissemens au delà des mers.

Ce furent les Dieppois qui eurent l'honneur et la gloire de découvrir la partie appelée Sénégal; et, à cet égard, ils ont établi leurs droits d'une manière si claire et si authentique, que je ne pense pas qu'il soit utile d'entrer en discussion sur ce point.

Personne n'ignore que leurs expéditions remontent au commencement du quatorzième siècle. Ils s'étaient placés dès lors sur le Sénégal et le long de la côte, jusqu'à Sierra-Leona, et en septembre 1365, ils associèrent à leurs entreprises des négocians de Rouen. Au moyen de ce renfort, ils firent, l'année suivante, la plus grande expédition maritime qu'on eût encore vue sur les mers de l'Afrique, et ils formèrent sur la côte, et à certaines distances les uns des autres, des comptoirs qui servirent d'asyle à leurs employés et à leurs marchandises. Les Africains y trouvaient toujours un commerce en activité, et les vaisseaux français, des cargaisons toutes prêtes. Ce fut à cette époque qu'on vit s'élever les établissemens du Sénégal, de Rufique, de Gorée, de la rivière de Gambie, de Sierra-Leona, e deux autres encore sur la côte de Malaguette, dont l'un fut appelé *le Petit Paris*, et l'autre *le Petit Dieppe*. On alla plus loin : en 1382, on éleva des forts à la Mine-d'Or, sur la côte de Guinée, à Acra et à Cormentin.

Des profits immenses résultèrent de ces travaux et de ces entreprises ; les moindres furent peut-être ceux qui procurèrent à la ville de Dieppe la vente et la mise en œuvre de l'ivoire, par lesquelles elle fut long-temps célèbre.

En 1392, le royaume étant violemment agité par les factions et la guerre civile, les Normands y prirent malheureusement une part trop active, et le commerce d'Afrique fut entièrement abandonné.

La France, dont les navigateurs avaient fait les premières découvertes dans la partie occidentale de l'Afrique, depuis le Cap-Blanc jusqu'à la rivière de Sierra-Leona, et qui par conséquent avait le droit d'en jouir pleinement, soutint long-temps, même par la force des armes, les titres qu'elle avait acquis sur cette portion du globe. Elle avait toujours considéré, depuis, cette vaste étendue de côte comme étant dans la dépendance exclusive de ses opérations commerciales ; elle a eu des guerres à soutenir pour écarter plusieurs nations rivales qui cherchaient à s'y établir, et elle y a élevé, à différentes époques, des forts, des comptoirs, des établissemens de tous genres, ouvrage de plusieurs compagnies auxquelles elle a donné successivement le privilége de les fréquenter et d'y faire le commerce.

Je pense qu'il ne sera pas surabondant de rappeler ici l'historique de cette espèce d'administration, qui seule en assura la prospérité. On sera à même de voir, par la simple énumération des changemens qu'elles éprouvèrent, les rapides accroissemens du commerce sous la direction de quelques hommes de génie, et ce qu'on pourrait encore en espérer.

Dans le principe, de simples associations, sans autorisation du prince, faisaient choix d'une partie de la côte, et s'y établissaient à volonté; mais le Sénégal fut toujours le point favori des Français. Sans remonter jusqu'aux premiers temps, on voit que les marchands de Dieppe et de Rouen nommèrent, en 1626, un directeur à l'île Saint-Louis : ce fut M. Lombard. Il y mourut en 1631, et eut pour successeur M. Fumechon. Celui-ci, après avoir conduit les affaires pendant neuf mois, revint en France, et fut remplacé, en 1641, par M. Collier, qui gouverna pendant près de huit ans, et repassa en Europe à la fin de 1648. M. de Soussy lui succéda, et mourut en 1650. Vint ensuite M. Messineau, en 1651, qui le remplaça, et termina sa carrière en 1658. M. Baguenet, qui occupa sa place, acheva la sienne en 1661, et M. Duboulay, qui y fut envoyé au commencement de 1662, eut le même sort à la fin de 1664.

Dans ce temps, les marchands de Dieppe cédèrent leurs établissemens et leur commerce dans cette partie de l'Afrique à la Compagnie des Indes occidentales, qui se forma en 1664 : cette vente fut faite pour la somme de 150,000 fr.

Cette Compagnie fut la première établie par autorité du Roi, avec privilége exclusif. Elle envoya, en 1665, M. Jacquet, comme directeur de ses affaires, à l'île Saint-Louis. Il fut rappelé trois ans après, et remplacé par M. de Richemont, qui y mourut en 1673.

Les entreprises de cette Compagnie étaient beaucoup trop vastes ; elle s'empara du commerce de l'Amérique, particulièrement de celui de la rivière des Amazones jusqu'à l'Orénoque, des Antilles, de la Nouvelle-France, de l'Acadie, de la baie de Hudson, enfin de celui des côtes d'Afrique. Elle voulut faire tout le commerce de la nation : elle fut écrasée sous le poids de ses projets gigantesques.

Les affaires en Afrique allaient si mal, qu'elle crut devoir céder tout ce qu'elle possédait dans cette partie du monde. Elle le fit le 8 novembre 1673, et le prix en fut réglé à la somme de

75,000 fr., et un marc d'or pour chacune des trente années qui suivraient.

La nouvelle Compagnie prit donc possession de son domaine; mais elle ne put avoir de lettres patentes qu'en juillet 1679 : alors elle reçut du Roi le titre de Compagnie d'Afrique, avec privilége sur toute la côte occidentale, et y envoya pour directeur et commandant général M. Jacques Fumechon, qui y arriva en 1674, et mourut en 1680.

Cette Compagnie fit de beaux établissemens, et ses affaires prospéraient, lorsque, la guerre s'étant déclarée, elle éprouva tant de pertes qu'elle fut entièrement ruinée.

Une autre Compagnie fut créée, le 2 juillet 1681. Le ministre n'oublia rien de ce qu'il crut capable de la soutenir. Elle acquit pour un million 10,015 livres le privilége, les habitations, les forts, les comptoirs, les meubles, les marchandises et les effets des vendeurs.

Cette différence énorme entre le prix de 1681 et celui de 1673 prouve sans réplique que la première Compagnie avait conduit ses affaires avec beaucoup de prudence, qu'elle avait considérablement augmenté la valeur de ses établissemens, et qu'il ne lui a manqué, pour réussir complétement, qu'un peu de bonheur.

Il faut remarquer ici que, par suite du démembrement qui fut fait dans le temps par M. de Seignelay, alors ministre, de fréquens changemens nuisirent aux intérêts de cette Compagnie. Les associés se dégoûtèrent; quelques uns sortirent du royaume, pour cause de religion, d'autres par le mauvais état de leurs affaires particulières; la guerre enfin éclata, et la Compagnie perdit plusieurs bâtimens. Il n'en fallut pas davantage pour mettre le désordre parmi les intéressés qui restaient, et ils obtinrent la permission de céder leur concession pour le temps qu'elle avait encore à courir. La vente eut lieu en novembre 1694, moyennant 300,000 francs.

M. d'Appougy, seul acquéreur, s'associa avec d'opulens capitalistes. Il obtint du roi une prolongation du privilége; mais cette Compagnie ne fut pas plus heureuse que les précédentes. Les intéressés ne persistèrent point dans l'application qu'ils avaient mise d'abord aux affaires; ils en laissèrent la conduite à un seul d'entre eux, qui les négligea à son tour, et qui fit tomber toutes choses dans un chaos épouvantable: de manière que, réduits aux expédiens, ils furent forcés d'avoir recours à la bonté du prince et à la protection de ses ministres.

Le premier directeur et commandant que cette Compagnie envoya à l'île Saint-Louis fut M. Bourgignon : il n'y resta qu'un an et demi.

M. Brue lui succéda en avril 1697. Les affaires de la Compagnie prirent une meilleure tournure sous son gouvernement, et les intéressés y auraient trouvé des avantages considérables, si eux-mêmes n'eussent pas mis obstacle à leur complète réussite; mais il se conduisirent si imprudemment, que, malgré les ressources créées par le génie de M. Brue, ils furent obligés de le rappeler en France, pour s'en servir à remédier au désordre dans lequel ils s'étaient jetés.

Ce directeur quitta Saint-Louis, le 12 avril 1702, et eut pour successeurs MM. Le Maitre et La Combe. Ces deux chefs gouvernèrent chacun environ quatre ans. Ils avaient de bonnes intentions, de la droiture et de la probité; mais cela ne suffisait pas dans le poste qu'ils occupaient. Il fallait un esprit fort, inventif, de l'expérience, de la fermeté, et une vigilence active; et ils ne possédaient pas cette force invincible, si nécessaire aux hommes appelés au commandement.

Ces deux directeurs ne firent donc rien de grand, et les administrateurs en France, au lieu de profiter des avis de M. Brue, qu'ils avaient nommé directeur général en leur bureau de

Paris, se laissèrent abattre sous une masse de procès, triste suite des dettes qu'ils avaient contractées. Par cette situation, ils perdirent définitivement le reste de leur crédit, et ils furent contraints d'abandonner tout-à-fait le commerce : de sorte qu'ils reçurent comme une grâce l'ordre que le roi leur fit donner, par M. de Pontchartrain, ministre alors, de vendre leur concession à des gens plus en état qu'eux de la faire valoir. En conséquence de cette royale volonté, la Compagnie vendit son privilége et sa concession moyennant 240,000 fr., en se réservant une moitié dans les opérations futures, et à la condition que les acquéreurs feraient un fonds de 600,000 fr.

Cette vente fut approuvée, et le privilége fut prolongé pour 15 ans. La nouvelle Compagnie envoya, pour premier directeur, M. Mastellier, un des principaux intéressés. Il était au fait du commerce d'Afrique, et plus propre qu'aucun autre à le faire valoir. Il aimait le travail et les conseils. M. Brue lui avait recommandé de s'établir puissamment à Galam, et surtout de porter ses vues sur les mines d'or. En ayant senti toute l'importance, il fit les meilleures dispositions pour réaliser ce grand projet.

Arrivé à Saint-Louis, le 20 mars 1710, il fit la visite de tous les comptoirs, et partit pour

Galam; mais il tomba malade pendant le voyage, et rendit le dernier soupir à Tuabo, sur le Sénégal, le 15 août 1711.

Cette mort déconcerta beaucoup les projets de la Compagnie naissante. Les intéressés jetèrent d'abord les yeux sur M. Brue, et le pressèrent de se charger de nouveau de la direction et du commandement général de la concession; mais ses affaires particulières ne lui permirent pas de s'absenter et de leur rendre ce service. Il leur proposa M. de Richebourg, alors gouverneur du fort de Gorée. La Compagnie le nomma et lui envoya les provisions ordinaires, avec ordre de suivre les projets que son prédécesseur avait commencé de mettre à exécution. On comptait assez sur ce nouveau directeur, lorsqu'on apprit qu'il s'était noyé en passant la barre du Sénégal, le 2 mai 1713.

Les intéressés s'adressèrent de nouveau à M. Brue, et le sollicitèrent si vivement de reprendre le timon de leurs affaires en Afrique, qu'il fut obligé d'accepter. Parti de Nantes le 15 mars, il arriva à Saint-Louis le 20 avril 1714.

Malgré la guerre d'Europe et les difficultés qu'elle fit naître, les affaires de la Compagnie furent conduites avec tant d'art, de prudence et de bonheur, par cet habile gérant, qu'outre les profits considérables qu'elle fit alors, elle se trouva encore en état de faire de nouveaux établissemens, et de s'occuper, surtout, de celui de Galam. En un mot, les succès devinrent chaque jour plus brillans, surtout après la paix générale de 1714.

Au mois d'août 1717, il se forma à Paris une association puissante, qui ne parut d'abord que sous le nom de *Compagnie d'Occident ou de Mississipi*. Mais ce seul objet ne suffisait pas à ses ambitieux desseins. Elle traita avec l'ancienne Compagnie des Indes Occidentales, et se chargea de ses dettes et de ses effets. Joignant ainsi le commerce d'Orient à celui d'Occident, elle attira à elle tout le commerce du Sénégal, et acheta des anciens intéressés tous leurs droits, concessions, priviléges, établissemens, forts et comptoirs, pour la somme de 1,600,000 fr. Cette vente eut lieu le 15 décembre 1718, et fut approuvée et autorisée aussitôt par le gouvernement.

En comparant le prix que la Compagnie du Sénégal venait d'obtenir de ses établissemens avec celui qu'elle en avait donné dix ans auparavant, on peut juger de l'état brillant de ses affaires, et se former une idée de l'accroissement de son commerce sous la direction de M. Brue.

La nouvelle association, connue sous le nom de *Compagnie des Indes*, fut la sixième Compagnie du Sénégal avec privilége exclusif, depuis 1664. Elle en avait l'administration civile et militaire. Cette administration fut toujours douce et paternelle, parce qu'elle fut confiée à des gens sages, instruits et laborieux. Ils surent profiter des fautes de leurs prédécesseurs, de la protection du Roi et de ses ministres. Ces administrateurs firent de grandes entreprises, et toutes réussirent au delà de ce qu'on pouvait espérer. Ils élevèrent les forts de l'île Saint-Louis, de Podor, de Felemé et de Galam. Deux de ces forts offrent des ruines ; mais ces ruines mêmes parlent en faveur des fondateurs, qui eurent soin d'entretenir la paix et l'union entre les différens peuples du pays. Tous vivaient sans défiance et en bonne amitié avec les agens de la Compagnie, et ils se souviennent encore et se souviendront toujours de ces temps heureux, qui renaîtront, il faut l'espérer.

La Compagnie des Indes, ainsi organisée, n'eut pas de peine à décider M. Brue à lui continuer ses services dans les postes de directeur et de commandant général de toute la concession. Il en remplit les fonctions jusqu'au 25 juin, époque où ses affaires particulières l'obligèrent de repasser en France. Il n'en resta pas moins attaché à l'administration de Paris, dont il était l'âme et le conseil; il s'embarqua même pour les mers d'Afrique quand sa présence devint nécessaire. En paraissant sur les lieux, il termina toutes les contestations et il conduisit plusieurs expéditions importantes.

M. de Saint-Robert lui succéda; mais ses infirmités le forcèrent à se retirer en France, le 25 avril 1723. Il eut pour successeur M. Julien Dubelay, contre lequel il s'éleva tant de réclamations, il y eut tant de plaintes, que la Compagnie fut obligée de le révoquer et de nommer à sa place M. Robert, qui partit de Paris à la fin de l'année 1724.

Sa résidence en Afrique fut probablement longue; mais sur ce point nous n'avons rien de positif, et nous ne connaissons de directeur marquant, après lui, que M. David, qui le fut longtemps, et qui sera toujours en vénération parmi les nègres. C'était un administrateur distingué; il surpassa même, s'il est possible, M. Brue, en vertus, en connaissances, en activité. Il fit un voyage en France en 1741, repassa à l'île Saint-Louis, et se rendit à Galam, pour visiter lui-même nos établissemens et les faire réparer. Ce fut alors qu'il chargea M. de La Brue (qu'il ne faut pas confondre avec M. Brue, précédemment nommé) de l'exécution de ses ordres, et l'établit directeur du fort de Tomba Boukané.

La guerre de 1744 suspendit ces nobles travaux. La Compagnie ayant fait choix de M. David pour la direction des affaires de l'Ile-de-France, M. de La Brue prit le gouvernement de Saint-Louis, et fut remplacé à Galam par M. Aussenac, qui remplit dignement sa mission. La Compagnie eut une existence de plus de quarante ans. Elle eut à son service des hommes distingués par leurs lumières et leur zèle; elle ne fut jamais contrariée dans ses vues, puisqu'elle avait l'administration civile et militaire. Enfin, elle fit beaucoup de bien et marcha de succès en succès.

Sur les côtes ou dans l'intérieur de sa concession, elle fit plusieurs établissemens : Arguin et Portendick, sur le Sénégal; les forts Saint-Pierre et Saint-Joseph, au royaume de Galam; Gorée, Joal et Albréda, sur la rivière de Gambie; Bintam, sur la rivièvre de Gérègue, et les Bissaux. Tous ces établissemens étaient bien tenus et d'un grand produit. Elle en méditait d'autres, qui auraient également réussi, mais qui n'ont jamais été qu'en projet, puisqu'au lieu de suivre ses plans, la France n'a aujourd'hui que l'île Saint-Louis et Dagana, sur le Sénégal; le fort Saint-Pierre, dans le pays de Galam; Gorée (île) et le comptoir d'Albreda, dans la rivière de Gambie.

Les Anglais prirent l'île Saint-Louis et le Sénégal en 1758. Les Français y rentrèrent vingt ans après, en 1779, et cette possession leur fut de nouveau assurée par le traité de paix conclu entre la France et l'Angleterre, le 3 septembre 1783.

Aussitôt après la paix de 1783, on pensa à créer de nouveau une Compagnie pour le Sénégal. Le 11 janvier 1784, le Roi, par arrêt du conseil, accorda à la Compagnie de la Guyane le privilége exclusif de la traite de la gomme, pour neuf années, à commencer du 1er juillet 1784 jusqu'au 1er juillet 1793, en indemnité de ses réclamations.

La Compagnie céda son privilége à plusieurs négocians, qui prirent le titre de Compagnie de la Gomme, par acte du 31 janvier 1785. Cet acte fut sanctionné par le Gouvernement.

Cette Compagnie fut trop mesquinement organisée; elle ne fit rien de grand. Elle exista comme un marchand qui se borne au bénéfice du jour, sans oser prendre d'essor. Enfin, elle fut entièrement détruite par un décret de l'assemblée constituante, du mois de janvier 1791.

M. de Respensigny fut gouverneur général

de cette Compagnie, de 1784 à 1787. C'était un homme sage, instruit et sans prétentions. Il fut remplacé par M. de Boufflers, dont les talens, l'esprit et la célébrité, firent concevoir et réaliser les plus grandes espérances. Sous son administration, la colonie prit un aspect plus riant, plus animé; tous les genres d'industrie furent protégés; les habitans, excités au travail, devinrent riches et plus heureux.

M. de Boufflers eut pour successeur M. Blanchot, qui était alors major du bataillon d'Afrique, et qui fut par la suite nommé colonel, et ensuite général. D'un caractère bienfaisant, doux et désintéressé, il a fait pendant long-temps le bien des colonies qu'il fut chargé d'administrer : aussi fut-il regretté de tous les habitans lorsqu'il mourut à Saint-Louis.

Depuis la dissolution de cette compagnie, le commerce de nos possessions africaines a été fait par diverses maisons, jusqu'au moment où les Anglais s'en sont emparés; et depuis que nous y sommes rentrés, en 1817, il a été fait concurremment par les négocians de ce pays.

Je forme des vœux pour que quelques capitalistes s'entendent ensemble, et réparent le temps qu'ils ont perdu depuis que nous jouissons d'une paix générale : car la paix, en nous assurant l'intégrité d'une partie de nos possessions coloniales, nous a imposé l'obligation de remettre en activité ces grands ateliers de l'industrie commerciale. C'est par eux que notre marine deviendra forte et puissante ; que nous ferons, comme autrefois, pencher la balance du commerce. C'est dans ce pays que les productions de notre territoire trouveront un écoulement avantageux ; c'est là que croîtront encore ces végétaux que le luxe et l'habitude nous ont rendus nécessaires ; que notre industrie manufacturière ira chercher des approvisionnemens indispensables, et qu'elle fera des échanges doublement lucratifs ; c'est enfin là que nous trouverons le principe de vie qui doit animer ce grand corps du commerce français auquel la restauration a rendu sa véritable place.

J'ai lieu de penser que les capitalistes, armateurs et négocians qui me liront, et qui ne font partie de l'Etat que pour y fixer l'abondance et la richesse, profiteront de la paix générale, et qu'ils uniront leurs efforts aux vues bienfaisantes du gouvernement paternel du Roi, et à celles de ses ministres, pour la prospérité de nos possessions d'outre-mer.

La partie occidentale de l'Afrique, comme je l'ai dit plus haut, présente donc les plus grandes ressources et le plus riche territoire à exploiter par l'agriculture, le travail des mines et le commerce d'échange.

Au moment où les Anglais portent tous leurs regards, dirigent toutes leurs expéditions sur les nouveaux Etats de l'Amérique du Sud, pour y faire fleurir le négoce, et tirer des entrailles de la terre jusqu'au dernier filon d'or, quel Français attentif à cette spéculative entreprise de l'industrie britannique refuserait de chercher à établir l'équilibre entre l'accroissement de prospérité des deux nations, dans les moyens offerts par la plus fertile contrée de l'univers à la facile culture des denrées coloniales, aux constantes et prochaines communications avec la métropole, à l'amélioration de l'existence physique et morale du superflu de la population européenne, et à son écoulement progressif.

Les richesses du sol africain sont multiples. On peut, en les classant, mettre en première ligne les mines précieuses qui, depuis plusieurs siècles, ont fourni une si grande quantité de poudre d'or et de lingots natifs aux pays les moins favorisés de la nature. Cette branche si féconde en énormes bénéfices demande à être ravivée; elle a été l'origine d'immenses fortunes particulières, et pourrait, à l'avenir, en créer d'autres encore, en même temps qu'elle agrandirait celle de l'Etat. La cire, le coton, la gomme, le morphil, les bois de construction et d'ébénisterie, quelques pelleteries rares et curieuses, une large part dans le domaine de l'ornithologie, tels sont les autres objets dont l'activité et l'intelligence commerciales peuvent tirer un profit sans bornes, en satisfaisant les besoins des arts ou les caprices de la mode.

Les plantations de cotonniers, de caféyers, d'indigotiers, ont fort bien réussi depuis quelques années. On y récolte de très-bons fruits; toutes sortes de légumes y viennent en abondance; et comme on a trouvé le moyen d'irriguer les terres dans toutes les directions, en adaptant au besoin des diverses cultures les machines hydrauliques les plus simples et les moins dispendieuses, il en est résulté de grands avantages inconnus jusque alors. Mais on n'a encore fait que les premiers efforts : de nouvelles avances, de nouveaux travaux, de plus nombreux essais, centupleraient les bénéfices. La disette s'y fait encore sentir quelquefois, le pays a besoin d'être souvent approvisionné par l'extérieur; mais qu'on augmente la masse de culture, qu'on encourage les naturels, qu'on les excite à se livrer à cet art nourricier, et bientôt la colonie exportera ses productions exotiques acclimatées comme ses productions indigènes, au lieu d'en tirer du dehors.

Les objets à y porter sont particulièrement des instrumens aratoires, des armes à feu, des armes blanches, de la poudre, de l'eau-de-vie, de la clincaillerie, du fer en barre, de la guinée bleue et blanche, des souliers, quelques étoffes et laines filées de toutes couleurs, toute espèce d'outils en fer ou en acier, des clous, de l'écarlate en bande, étoffe très-estimée dans l'intérieur des terres, ainsi que du corail, de l'ambre, de la verroterie, du papier, et enfin des comestibles, qui toujours se débitent bien.

Si nous quittons un instant Saint-Louis et nos comptoirs, pour jeter un coup d'œil sur les royaumes qui les avoisinent, et dont l'exploitation peut donner à notre commerce des débouchés inappréciables, nous verrons combien il importe à notre prospérité coloniale en Afrique de ne point négliger de former des liaisons avec des princes dont les uns sont indépendans, les autres tributaires de quelques potentats qui prennent le titre de rois et d'empereurs, et qui tous, jaloux mutuellement, et désireux de se concilier l'affection des blancs, qui leur apportent des objets de parure ou de sensualité, s'empresseront de nous ouvrir leur territoire.

L'intérieur des royaumes de Bambouck, du Bambara, de Kaatjaga, et les autres Etats qui les confinent, abondent en mines d'or, de cuivre, de fer, ainsi qu'en autres minéraux. Les naturels du pays, sans savoir les exploiter, en tirent assez pour subvenir à leurs besoins. Ils en fournissent aux Français, aux Anglais, aux Portugais et aux Maures ; et comme tout constate la présence de l'or dans ces contrées, il n'est pas indifférent, peut-être, d'ajouter à ces preuves matérielles que tous les signes qui indiquent les mines du Brésil se font remarquer ici. Pourquoi n'y a-t-on pas suivi les premières tentatives faites pour les reconnaître ? Il y a long-temps qu'on aurait à cet égard des idées justes et précises. Il y a long-temps que ces trésors de la terre seraient en notre possession, et que nous aurions pénétré fructueusement dans toutes leurs profondeurs.

Les principales mines d'or du royaume de Bambouck sont : Diératagoné, Nyaméla, Dardané, Natacou et Sisira. Près de cette dernière est la rivière de Sisira, qui charrie beaucoup de poudre d'or. Le récit fait par le sieur Compagnon, qui a parcouru et visité tout le royaume de Bambouck, après y avoir séjourné fort long-temps, en 1701, et les échantillons de minerais que cet homme d'un mérite rare, dirigé par l'expérience de M. Brue, a rapportés de ce pays, lesquels ont dû être déposés au Muséum royal, constatent la richesse de ce royaume. Ce récit se trouve consigné dans l'ouvrage publié par le père Labbat, en 1728, ayant pour titre *Nouvelle relation de l'Afrique occidentale*. A Guétal, dans le même royaume, il y a beaucup de mines de fer, de cuivre et d'autres minéraux fort précieux. M. Compagnon y a trouvé des émeraudes en grande abondance, qui depuis ont été reconnues, ainsi que les mines, par M. Aussenac, en 1746. Depuis ce dernier jusqu'à ce jour, peu de voyageurs ont pénétré dans le royaume de Bambouck. Je pense que, si un explorateur y était envoyé spécialement avec quelques présens qui mériteraient la peine d'être acceptés par le roi, on finirait avec le temps par y établir un comptoir qui deviendrait fort utile à notre commerce, vu le grand nombre de mines d'or qui existent dans ce royaume ; et je ne doute pas qu'on n'obtienne la concession de partie de ces mines, moyennant une rétribution satisfaisante envers le prince de ce pays et les propriétaires des terrains enrichis de minerais. J'ajouterai que le gouvernement du Roi ne saurait trop chercher à établir des comptoirs plus loin que ceux qui existent dans le pays de Galam, et cela petit à petit, en ayant la précaution d'exiger toujours des différens chefs de ce pays des otages tenant à leur famille. Il serait important que ces otages fussent élevés en France, dans les écoles du Gouvernement ; mais je crois qu'ils devraient être placés dans une pension tout-à-fait particulière, afin qu'ils ne puissent pas connaître et voir tout ce que notre belle France produit, par l'effet de nos arts et de nos sciences, attendu que cela pourrait peut-être nous nuire par la suite. Il est assurément fort bon de les civiliser, de les instruire ; mais il ne faut pas qu'ils acquièrent toutes nos connaissances : car que deviendraient les produits de notre industrie, s'ils finissaient par les imiter chez eux ?

J'ai remarqué qu'on aurait dû s'attacher à ce qu'on nomme le *haut pays :* c'est lui qui présente en partie les plus grandes ressources, et si on voulait y coloniser, nous y ferions certainement par la suite de beaux établissemens. Aussi, j'aime à l'avouer, depuis quelques années commence-t-on à le parcourir ; et il est à désirer qu'on réveille le zèle des voyageurs : car ce n'est pas le tout que de leur fournir les moyens de parvenir au but qu'ils se proposent, il faut encore, lorsqu'ils ont bien rempli leur mission, les récompenser dignement, soit par une indemnité proportionnée à leurs fatigues, soit par un emploi dans nos administrations.

Trop souvent il arrive qu'un homme, mu par le désir d'être utile à ses compatriotes, après avoir fait un voyage pénible, revient accablé d'infirmités graves et incurables ; et alors, n'est-il pas de toute justice de lui assurer un sort ? C'est en agissant ainsi qu'on parviendra à encourager les hommes animés de la plus noble passion, et qu'on pourra découvrir les pays qui nous sont encore inconnus, ou sur lesquels nous n'avons que de faibles renseignemens. C'est ainsi que nous finirons par acquérir sur cette partie du monde des lumières toujours utiles à l'instruction des peuples comme à l'accroissement de leur fortune.

Dans ce moment, peut-être un Français a-t-il atteint les frontières de Tombouctou ? Formons des vœux pour son prompt retour. Son voyage sera d'un grand fruit. Nous pourrons enfin parler d'un pays jusqu'à ce moment trop vaguement décrit par les géographes, et nous saurons à quoi nous en tenir sur le parti que les relations commerciales pourront en tirer. Je sais qu'en établissant quelques comptoirs au-dessus du pays de Galam, on pourrait y communiquer au moyen de caravannes approvisionnées ; et alors notre comptoir du fort Saint-Pierre, dans le pays de Galam, pourrait devenir l'entrepôt général du haut pays.

Ce qui m'engage à donner ces conseils au gouvernement du Roi, c'est que nous sommes aimés dans ces contrées, et que nous y serons reçus à bras ouverts. Là, nous commercerons paisiblement avec les naturels du pays ; nous pourrons faire sur eux des bénéfices plus que satisfaisans ; nous pourrons y fonder des colonies puissantes, dont les forces réunies nous rendront paisibles possesseurs de cette précieuse partie de l'Afrique.

Nous changerons les habitudes des naturels en les civilisant ; nous en ferons des hommes et des hommes heureux ; nous perfectionnerons l'exploitation de leurs mines, sans les réduire à l'état affreux des Indiens occidentaux. Nous nous garderons bien de tenter d'enlever aux propriétaires ces terrains précieux, ni de les priver de l'exploitation. Ce que nous devrons faire sera de nous borner à les diriger dans le travail, et cela par deux considérations bien puissantes :

La première, c'est que nous ne devrons donner nulle part l'exemple de l'injustice ;

La seconde, c'est que nos bénéfices seront plus considérables en recevant cet or par des échanges que si nous étions chargés des frais de l'exploitation même.

Cependant, pour être plus à portée de veiller de près à l'extraction de l'or, et pour nous en assurer exclusivement la totalité, après être convenus des échanges, nous devrons proposer aux propriétaires de faire bâtir des magasins, pour les garantir des attaques de leurs voisins ambitieux et jaloux, et pour mettre en sûreté les ouvriers. Nous devrons, surtout, avoir grand soin de faire élever ces bâtimens dans des positions avantageuses, et de les faire construire de manière à ce qu'ils soient en état de repousser au besoin toute entreprise hostile.

Nous obtiendrons cette faculté sans nul obstacle, et nous n'aurons pas la folle manie de bâtir ces espèces de forts partout où nous découvrirons de l'or : nous devrons seulement nous attacher aux mines les plus riches et nous fixer près d'elles.

En même temps que nous ferons d'immenses bénéfices et que nous importerons et exporterons nos produits d'industrie, la renommée ira au loin signaler notre réputation, notre sagesse et notre justice. On viendra de tous côtés visiter nos comptoirs, et nous faire des ouvertures dont nous devrons profiter pour étendre nos connaissances et augmenter notre négoce. Les chemins nous seront ouverts de toutes parts, et sans avoir semblé le désirer, on nous facilitera l'exécution de nos projets.

C'est ainsi qu'avec le temps nous pourrons

nous rendre maîtres des mines d'or et de la plus grande partie du commerce de l'Afrique, et que nous finirons peut-être par en obtenir l'entière concession.

Le voyage qu'a fait l'intrépide et courageux M. Mollien aux sources du Sénégal, de la Falémé, de la Gambie, du Rio-Grande, a déjà donné d'utiles lumières et de nombreux documens; mais malheureusement ce voyage a été fait avec trop de précipitation, et nous n'avons pas encore pu obtenir depuis ce dernier des idées précises sur les mines du royaume de Bambouck.

Différentes expéditions anglaises ont eu lieu dans l'intérieur de l'Afrique. La plupart étaient trop chargées d'inutiles coopérateurs et n'ont rien fait de bon; cependant ce n'est pas faute d'y avoir dépensé beaucoup d'argent.

Sous peu de temps nous pourrons connaître le résultat du voyage fait par M. de Beaufort, accompagné de M. de Montesquieu, dans l'intérieur de l'Afrique. Ce dernier est attendu incessamment et l'on s'apprête à profiter du résultat de ses observations.

Moi qui aussi ai traversé diverses contrées dans cette partie du globe, je dirai que nos jours sont exposés en allant par eau à Galam, et que nous évitons tous les dangers en nous y rendant par terre. Cette route est préférable et de peu de durée. Il faut donc la suivre, sans renoncer cependant à la navigation de la rivière, qu'il convient de confier aux mulâtres et aux noirs de Saint-Louis. Nous sommes bien traités en route par tous les noirs, qui sont généralement bons et fort hospitaliers. Je ne dois néanmoins pas dissimuler qu'ils sont pour la plupart envieux de posséder ce que nous avons, tout ce que nous leur montrons étant pour eux une nouveauté, et excitant leurs désirs autant que chez nous-mêmes le fait la vue de quelques beaux maraboux ou de quelques belles plumes d'autruche.

Que de fois, étant au service du Roi ou à celui du commerce, n'ai-je pas eu occasion d'observer ces diverses sensations en Afrique comme aux Indes Occidentales. Somme toute, j'ai toujours su apprécier les bonnes qualités des noirs. Pour mon compte, je n'ai eu qu'à me louer de leurs soins et de leurs prévenances, et je saisis avec plaisir cette occasion de leur en témoigner toute ma gratitude.

Je terminerai ces réflexions en disant qu'une Compagnie qui aurait pour but de perfectionner l'exploitation des mines d'or de l'intérieur de l'Afrique, et spécialement celles du royaume de Bambouck, ne pourrait que faire de grands bénéfices, en obtenant provisoirement cet or par la voie de l'échange contre nos produits industriels, et cela, en attendant qu'elle puisse s'en procurer par la suite la concession. J'ai tout lieu de croire que, si cette Compagnie agissait avec intelligence, prudence et fermeté, elle serait sûre de réussir : résultat qui ne peut être que l'effet d'une volonté unique, d'un accord parfait, secondés par le temps et par la persévérance.

On aura peut-être de la peine à concevoir comment une semblable Compagnie n'a pas encore été créée par les colons; mais si l'on considère qu'ils manquent de fonds nécessaires, qu'ils ne connaissent pas les Compagnies par action ou fraction d'action, et au porteur, on reconnaîtra qu'ils ont besoin de l'assistance et des exemples de l'Europe. Cependant il y en a une qui a été formée à Saint-Louis (Sénégal) pour faire le commerce dans le pays de Galam. Elle est d'une durée de quatre ans ; elle expirera dans deux : qu'attendre d'un pacte si court ?

Les capitaux, les arts de la France, importés en Afrique, ranimeront le principe vital de cette riche partie du monde. Des milliers de noirs s'adonneront au travail des mines ; et en y trouvant la certitude d'une existence plus aisée, leur reconnaissance deviendrait pour la Compagnie qui les emploirait un nouveau gage de réussite et de stabilité.

Je ne termine pas sans dire, que, suivant le rapport fait par M. Compagnon, il paraît que l'extraction des mines du royaume de Bambouk est facile et peu dispendieuse. Elle pourrait être améliorée par l'application des méthodes simples fondées sur le progrès des sciences, par le transport sur les lieux et par la coopération d'ingénieurs à qui cette industrie est familière, par la diminution du prix de fer, qui se trouve abondamment dans ce pays, et par la multiplication graduelle des objets nécessaires au travail. Qu'on y réfléchisse bien, et l'on demeurera convaincu que le résultat, en faveur de cette Compagnie et des capitalistes qui consentiraient à s'intéresser dans une telle entreprise, ne serait certainement pas médiocre.

Cependant j'engage fortement les membres et les fondateurs de cette Compagnie à envoyer avant tout un voyageur dans le royaume de Bambouk, afin de pouvoir y recueillir une somme d'idées justes et précises sur les mines dont ce royaume est rempli. Ce voyage serait d'une année, parce qu'il faut compter environ quarante jours pour se rendre du pays de Gandiole, qui est situé à l'embouchure de la rivière du Sénégal, dans le royaume de Bambouck ; en y comprenant les différens séjours à faire en route, et en y restant quatre mois. Mais que d'observations utiles et préliminaires ! Ce voyageur pourrait explorer tout ce royaume et être à même de rapporter avec lui différens échantillons de minérais. Ainsi la Compagnie agirait avec toute connaissance des faits.

Une souscription ouverte, à ce sujet, entre les fondateurs et membres de cette Compagnie, pourrait fournir aux frais, qui, en y comprenant la valeur des présens à faire au roi de Bambouck, et les objets essentiels à emporter, pourrait monter tout au plus à une somme de 20 à 30,000 fr.

J'engage donc cette Compagnie, si elle se forme, à proposer ce voyage à une personne qui ait toute la capacité nécessaire pour l'exécuter ; et pour parvenir au but d'une pareille entreprise, je ne crains pas de lui désigner M. Sauvigny, jeune naturaliste qui a déjà fait un voyage du Sénégal à la Gambie, qui a été à même de connaître le caractère des naturels du pays, et qui est acclimaté, ce qu'on doit grandement considérer, car il connaît toutes les difficultés qu'on peut éprouver durant un pareil trajet.

Le moyen de recevoir partout l'hospitalité,

et au besoin quelques guides, est de chercher à captiver les faveurs des différens rois et des princes sur les États desquels on est obligé de passer pour se rendre dans le Bambouck, de dissimuler le but où l'on tend, et de voyager en petit nombre, pour ne pas trop attirer l'attention des chefs des nombreuses peuplades du centre de l'Afrique.

Je conseille au futur voyageur, quel qu'il soit, d'emporter avec lui quelques instrumens légers de musique, des tabatières organisées, quelques optiques, avec les vues des principales villes de l'Europe et de leurs monumens. Il est certain que ces objets lui seront d'une très-grande utilité, et qu'ils lui concilieront la confiance et les faveurs des rois, étonnés de nos merveilles, et curieux d'en posséder l'image.

Au surplus, ce que je dis ici a déjà été senti par des hommes plus capables que moi de pénétrer le gouvernement de tout ce qui reste à faire pour l'amélioration de notre système colonial. Nous devons beaucoup au gouverneur actuel de nos possessions en Afrique : car, soit comme intendant des domaines du roi, soit comme gouverneur, il n'a jamais craint d'exposer ses jours dans des courses longues et fréquentes. Il convient donc de lui rendre hautement cette justice. Bien d'autres que lui auraient pu n'opérer que sur ouï-dire, ou demander des rapports sur les plantations à faire ou les concessions à obtenir dans divers territoires, tandis qu'il a toujours été le premier à montrer l'exemple et à parcourir, soit à pied, soit par eau, dans une frêle embarcation, accompagné de plusieurs de ses subordonnés, les différens pays qui bordent la rivière du Sénégal. Aussi, par son caractère bienfaisant et désintéressé, ses talens, son activité et ses soins, a-t-il acquis l'estime générale des habitans de la colonie du Sénégal et de tous les naturels, qui commencent à sentir le prix de l'agriculture et les bénéfices qu'ils peuvent en retirer. Chacun forme des vœux sincères pour que Dieu le protège et lui accorde de longs jours : car, dans quelques années, on saura mieux apprécier son administration. C'est alors que cette colonie ira toujours en prospérant. Dans ce pays on ne peut pas aller vite : il faut tout préparer. Malheureusement on n'accorde pas assez de fonds à cette colonie. Puissent les deux Chambres prendre en considération les avantages que présentent ces établissemens ! Puissent-elles leur faire allouer les fonds qui leur sont nécessaires ! Elles seconderont les intentions du commerce français ; elles feront le bonheur des Africains ; elles rempliront les vues du meilleur et du plus éclairé des monarques, Charles X, qui veut que les Français, en deçà comme au delà du tropique, sentent la douce et féconde influence de son règne paternel.

Mon but était de démontrer les avantages d'une amélioration dans le régime de nos colonies africaines. Je l'ai imparfaitement rempli; mais n'eussé-je qu'indiqué juste, je serai satisfait.

FIN.

IMPRIMERIE DE GUIRAUDET, RUE St-HONORE, N° 315.

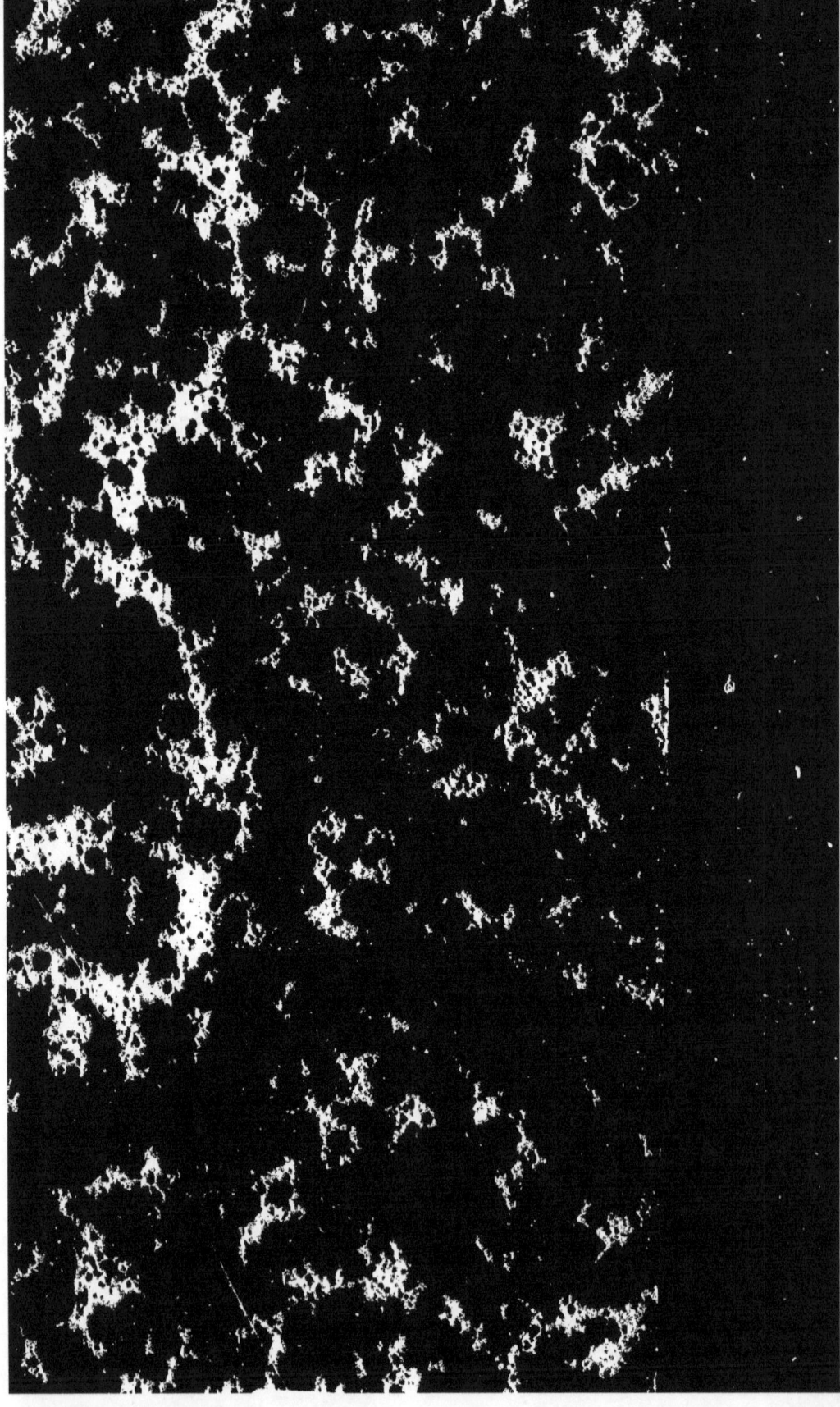

www.ingramcontent.com/pod-product-compliance
Lightning Source LLC
Chambersburg PA
CBHW060510050426
42451CB00009B/908